Temporal

Temporal

Sergio Astorga

Para ordenar copias adicionales de este libro, contactar:
Palibrio
1-877-407-5847
www.Palibrio.com
ordenes@palibrio.com
298918

Índice

ENERO soy de otro comienzo

Te escribo desde el recuerdo de tu boca.
Vestido de humedades conocidas,
jadeo y te respiro.
Soy una brasa.
Al medio día,
te presiento
como un sol cubriéndose de cuerpos.
Escucha . . .
Me gusta enero para nacer del fuego.
De cristal.
De viento fino.
Tu lengua enciende mis arterias,
y soy verdad
en medio del abismo.
Hoy te escribo con tu boca.
Racimo soy de tus antojos.
Hoy el mundo es transparente.

Que la dicha tiene un tamaño

Que la dicha tiene un tamaño
con un batallón de hormigas
tallándose las patas en el borde del agujero.
Todos lo saben . . . Se tiene memoria.

Que de un hombro a otro hombro
se tensa el brazo de la sombra
cuando lejos se atisban los cansancios.
Ya lo sabias . . . Te lo contaron.

Que de la hora a los minutos
se escriben los párrafos a mano
con geométricas palabras de madera.
Ya perdiste la cuenta . . . Me lo han dicho.

Que del fuego caído se hace mundo
y los roedores de colmillos telúricos
quiebran los huesos afilados del oráculo.
No te escondas . . . Te acompaño.

Cuando la tarde nace

Cuando la tarde nueva nace en la mañana
y presume el azul de tanto cielo,
siempre hay un canto roto por el agua.
Un relámpago,
una discordia
y ardientes cuchillos a la espalda.
El mismo duro túnel la batalla
cargado de piedras rencores
y a la mitad del camino el desamparo:
un bulto de pena ya sin cuerpo.
Sin embrago,
la blanca queja de una ala
nos deja sin palabra.
El amor de blanco sangra
sangra de agua,
puñalada de luz
en hierba mala.
El abrazo materno
de garra repleta nos ampara.
Y en una mañana que creció de tarde
en el lago de cristal que nos habita
una clara certeza nos ahoga.

Hasta que llueva

Voy a sentarme a mirar.
Que pase la vida y su tiempo.
Ya no quiero ser héroe;
ni responsable alarde;
ni alegre desperdicio.
Voy a sentarme aquí
junto al filo del cuchillo.
Estoy un poco cansado
de mirar sin que me mires.
Hoy voy a sentarme a olvidar
hasta que llueva.

FEBRERO seré para seguir el juego

Con el aire,
sólo con el aire sus signos,
sus piruetas.
Por el viento,
sólo por el viento
la templanza
solitaria de sus alas.
Vienen juntos
recorriendo
los arcanos.
Amarillo el sólido,
naranja el tímido.
En cielos rojos carmesí rosados
suben el cráter
del cielo.
Llegan con el labio encendido.
Aquí los tienes
en febrero,
¡déjalos entrar que tienen fuego!

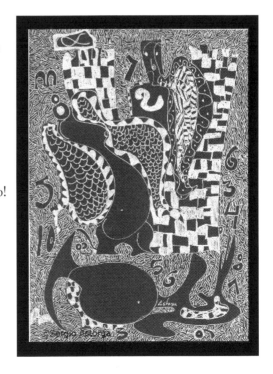

El cometa

Mira al cometa,
desnuda cola de fuego
en su atmosférico esqueleto.

Mira de lejos,
batallón de los impactos,
la prisa de la luz en su carrera.

Mira la escarcha,
vigente escrupulosa ardiente,
en círculos roedores cristalinos.

Palpa los días,
carnívoros moluscos del minuto,
cavar la nube de reflejo.

Deja al cometa,
fósforo de adioses temporales,
tropezar en la cresta de su vuelo.

Palabras

Ardo en palabras:
membranas invisibles
que recorren tu cuerpo;
ebrias buscan el fruto
entre tus negras ramas.
Palabras que se adhieren
al barco que me lleve
de noche hasta tu cuarto.
Palabras, arden palabras,
que sepa tu oído
que poco a poco
voy llegando.

Hoy tengo Fiebre

Hoy tengo fiebre
de lamentos en el cuerpo,
cal y lodo por dentro.
Sonrisas burlonas a mi paso,
hipócritas palmadas en mis hombros.
Soy hombre por hábito, mal hábito.
No me lavo las manos ni antes ni después.
Ensucio el piso con palabras sueltas
y derramo mi llanto sin permiso.
Hoy es el día más ancho.
No lo aguanto.
Que la primavera entre por el caño.
Hoy tengo fiebre, mucha fiebre.
Hoy no canto.

El mismo

Soy el mismo gris que quiere ser magenta;
la misma bruna desdicha en los zapatos
y un cobalto altivo prendido por cabeza.

MARZO llegó a vuelo de garganta

Nacerás del sol como semilla de energía,
como niña que estalla en su sonrisa;
como espiga del rayo,
evaporando la roca,
el zumo de la palabra exclamará
en su incendio la nueva morada de la primavera.
El mundo andará con los huesos reventados
y la larva de la mariposa tendrá nombre de mujer,
y con el polvo engendrarán sudor de tierra
y una máscara de aire dejará el soplo sencillo
que crecerá en el tímpano del día,
y un comando de hormigas coléricas
treparán por la higuera
y darán a los nuevos verdes sentido
al verse reflejados en otros amarillos.
De la garganta del pájaro nacerá este marzo
y en su respiración
los signos de la renovación
se abrirán como la fruta.
Y del cántaro saldrá la procesión de luz,
para preñar de nuevo al vientre fértil,
que nos nombra como tallo
de sangre en cada ciclo,
al puyazo del tiempo carnicero.

Voy

Voy a ti como a beber;
me voy a ti como tormenta,
descanso en ti como en llanura;
penetro en ti como locura.
No se sin ti como regreso.
Voy a ti porque comienzo.

Una danza de plumas se desliza

Se desliza el agua al fin turquesa
en diminutos dientes
bajo la noche quieta.
Mentirosa.

¿Qué lucida embriaguez
galopa la sangre virgen?

Volver al círculo,
al tráfico mental del eucalipto,
al parpadeo apenas perceptible.

La muerte está viva de su muerte:
flor absorta de víctima escarlata.

El gallo titubea,
prostituye el ritmo de las horas
y se arroja al mar;
se arraiga al fondo de su tumba.

No hay silencio que se aquiete
y una danza de plumas se desliza.

El Mimo

Lascivas enaguas de la noche,
gestos del vacío acumulado,
máscara teatral de los espacios,
lápida de luz al mismo tiempo.

Surges como un pájaro sin alas
envuelto en blancas palabras mudas.
Rotundo horizonte de los negros,
de los silencios perfecta danza.

Tu cuerpo es el punto de partida,
se enajena el pozo con tu mano;
un eco abusivo lo visible
círculo flexible que congela.

Tu rostro sin nombre labra el drama,
no hay fragmentos de nombres ajenos;
se ciñen los otros al instante,
desnudos ladrones sobre el foro.

Tu sangre del ritmo es pensamiento,
reconoce el tacto sus abismos,
estalla el horario si lo nombro,
se quema la imagen si la toco.

Soy el mismo

Soy el mismo azul que quiere ser violeta;
la misma esperanza sepia en las manos
y un bermejo ánimo buscando acomodo.

ABRIL subirá como su nombre

Abril fue el mes más cruel
en esas yermas tierras.
Hoy el pecho y el sol
cantan en el pozo oculto.
Algunos moradores lo saben.

Abril es sabio y cuidadoso,
comienza a darle rostro a los que habitan
al otro lado del pronombre.
En norte continente el verde revienta
y el sur se arropa entre los ocres.

Abril es el ojo súbito del tacto,
tiene el labio y el granero al viento.

Abril es un desafío afónico
y una pluma fértil que rebate.

Abril es el territorio de estos días,
vestidura terrenal, dedos que se hunden
fertilizando los antiguos yermos.

Abril será de sílice puro
y raíz desprendida porque danza.

Después del Almuerzo.

Después del almuerzo
lámparas encendidas en la calle,
caravanas de labios satisfechos
y bajo de la mesa quieta
el infinito callado del abismo.

Después del almuerzo
barcas de madera entre las copas,
sonrisas en los dedos
y el mudo gesto exacto,
rudo y largo de las cosas.

Después del almuerzo,
sobre los tejados rojos,
solitarias vuelan las gaviotas
y un trozo de tiempo
me parte el pecho con silencio.

Entre líneas

Escogí la línea como patria,
la línea como escudo y como espada.
Como sangre tinta:
negra flama
sobre desiertos campos de algodones.

En tierras deshabitadas
la línea como surco;
un dialecto de ojos
de interminable asombro:
semilla de frutos inventados.

Entre dudas nupciales
el mundo es de ventanas.

Nace del tacto la criatura,
ensancha su tímida tenencia
y le nacen raíces prisioneras.

La línea como huella y como brasa;
añosos ánimos de oscura cueva
antes del metal
antes del habla
calladas tizas de carbón
encendieron el drama.

Como casa escogí la incertidumbre,
un derrumbe de horas atrapadas,
un audaz moverse a ciegas
y mucha sed endurecida y casta.

Las líneas son del sueño que se sueña
un latido amoroso de materia,
un disfrute de roles ignorados:
garabato que insiste en su marea
y una voz gentil de niño náufrago.

Las líneas son el pan de mi sustento,
historias que se cuentan sus destinos;
aguja o bisturí de los contornos
como hijas del fragor y el traqueteo.

La línea no delibera, se ejerce
sin palabras, se tizna solitaria
desde el fondo de fuerzas corporales.

Confieso que la línea es un tatuaje
entre blancos inéditos de espacio.
Ataviado de tiempo acumulado
reconozco que el mundo sigue intacto.

El signo y el garabato

Al paso.
Al peso del signo: el garabato.
La balanza de las formas nombradas;
añicos de tiempo sobre tela.
Así, ardiendo,
termino en Paz un homenaje.
Una profanación a ciegas por los rojos;
por los designios de las letras
en el tartamudeo de la mano.
Con Paz, jadeante de ciudad
y sílabas azules, doblo la escritura
y sólo quedan los tranvías
atravesando los suburbios de palabras,
algunas cuantas imágenes de tinta
y los húmedos silencios del incendio
a los diez años de su muerte.

MAYO llegó para el encuentro

Por los renglones
del viento,
entre las grietas
de la intemperie,
inundados de cielos,
los pájaros de mayo
hunden sus picos
en los oros verdes.

Y el sonido cae
en transparencia.
Y el ala limpia al aire
y se reúne la pluma
en la pureza
en sudoroso canto
de conquista.

El fruto se parte
sin manchar al día,
y hay una ecuación
de azul bajo la nube.
Los pájaros de mayo
echan raíces de pura luz,
y no se dejan atrapar errantes.

Quisiéramos ser pajareros
y nuestras manos picotean
las ansias de vuelo
detenidas por el aire.

Encarnados en tierra estamos.
Ingrávidos de mayo.

Algún diseño

Algún diseño de tulipa
hoy la tarde tiene.
Incurables sauces
abandonan sus dolencias
y aquellos huérfanos paisajes
de la sierra dejan su plegaria trunca.

Algo que no eres tú se esfuma
solitario a contra luz por la ventana
y helada y desabrida, una lluvia
moja las calles caminadas.

Bermejo es hoy el caracol del frío.
Yo espero que la niebla cenicienta
despeine, al pronunciar tu nombre,
ésta helada embriaguez de estar sin nada.

Yo me opongo

Sin oposición la virtud se marchita
se ahoga el puerto de las barcas.
Tapiz de lumbre lúgubre zodiaco.
Estallan horas en la piedra,
lápida del tiempo, órbita plana.

Es esta sal que todo lo delata,
árbol de la misma fruta,
agua de la misma lluvia.

La virtud se marchita.
Yo me opongo.

Jaguar

Hace cuantos Jaguares que no nos vemos.
Ya lo olvidaste . . .
Tienes las patas rotas, ¿eso es?
Un día sabrás que las hormigas
que rondan por tus ojos no están disecadas . . .
Por el mundo hay un desvelo de iguana,
esa que no pudo ser cocodrilo,
por sus lagrimas te lo digo.
¿Has llorado últimamente? . . .
Tu no lloras,
tienes ya demasiado musgo en los párpados . . .
En este pedernal que tengo frente a mi,
me acuerdo de ti.
Sin lamentos, sin angustia de oprimidos rojos,
ni los marfiles helados de tus indirectas
me hacen lamentarme.
Me acuerdo de ti como de la tuna
que tatúa al nopal de sus caimanes . . .
Me acuerdo de tu disfraz solar desesperado.
Te sentaba bien.
Te veías como el anís
y emborrachabas como el aguardiente.
Como reímos cuando una de tus garras
se atoró sordomuda en esa mulata noche bajo
la luna de capricornio . . .
¿Ya lo olvidaste? . . .
Acaso olvidaste los huesos

que enterramos juntos
y el vomito del día.
Esta garra también fue mía,
y perdido entre las piedras que me esculpen
busco al trópico farmacia.
Una zarpa de saliva se me atora . . .
Y tu que no dices nada . . .
Voy a volver con los astros muertos
y voy atacar el refugio de mi lengua . . .
No quiero que vengas . . .
La selva esta encendida
y en la copa de los árboles duermen los monos.
Quédate a lamer tus heridas,
a dibujar tu eclipse peninsular . . .
¿Ya lo olvidaste? . . .
Yo fui jaguar
y de ceniza son mis manchas,
y con el rabo del ojo dejo mi hulla
en esas rendijas de tristeza . . .
No vengas . . .
Voy a gruñir.

JUNIO llegará para ser agua

Pasará el iris sin fortuna,
llegará el vergel que
verdea abandonado:
ya no habrá compañía
para el tacto.
Una pisada de junio
cada año
y algunas vigilias
lluviosas
se quedarán masculinas
en sus bardas.
Por las mordeduras del
agua en sus orillas
no habrá mas
que el canje del fruto
en el rocío.

Amarrado a la tierra,
su pulpa es neutral
por partir el año en
dos como una tregua.
El odio se acercará
a tu cabeza y no sabrás
si habrá un agosto con pestañas.

Ceremonias duras y mojadas
acamparán por estos días,
y sus consonantes sonarán sin sentido.
El gallo será la cerradura y el beso de madera.
A mitad del año es hora
de recoger nuestra sombra,
el cereal de las vasijas
y esa ráfaga de manantial oscuro.

Hablando del miedo

I

Hablando del miedo.
Busco olvido.

Fósil astuto.
Siempre pienso.

De vientre caliente como tumba.
Emerjo.

Leña doméstica mi tronco.
Cuerpo tieso.

Bosteza el destino.
Me acomodo.

Músculos desnudos en el sueño.
Mi esqueleto.

II

Éste es mi brazo.
Ya partido por la espera.

Aquél, mi escudo.
Oxidado entre la axila.

Allá, la astilla.
Clavándose en un ojo.

Y el vaso de la sed
Siempre vacío.

III

Completamente.
Competente de sí.
Permanentemente dispuesto.
Girando con el mundo.
Lleno de Polvo.
Útil, siempre útil.
Como el humo.

IV

Aquél lugar,
el de la suerte.
Tan lejano.
¿Recuerdas?
Como duele.

V

Hoy no moriré.
No tengo suerte.
Me subiré a los árboles caídos
hasta sentir el vértigo de nuevo.
Me pondré mi traje
de grandeza y de proyecto.
Y volveré a ser hombre
con el miedo.

Huéspedes del agua

¡Buenas noches
huéspedes del agua!

Vengativos ecos;
de sus traqueas errantes
las olas gimen.
Cerrojos subterráneos
resguardan
las ninfas de guirnalda.
Todos a coro
culpan de azul
los húmedos confines.
Querías despedirte.

¡Buenas noches
huéspedes del agua!

No es vano

Hoy será un día largo.
Tiempo de sol
para inventar otro presente.
Tiempo con patio circular.
Con barro.
Con granito.
Hoy habrá reflejos
sobre el agua de sal
de nuestra cara
y manos hambrientas
de voces amorosas arañando la luz hasta matarla.

Nocturno

Aguas nocturnas
de los olores ciegos.

No se lo que hice.
No se lo que pago.

Un dolor con nombre.
Luz de los reflejos.

Acido sueño que agoniza.
Estúpida frialdad en tibio lecho.

JULIO y su juntura jubilosa de jazmines

Un altamar de verdes
amuebla el amarillo quemado de la piel
y los cabellos textiles
se enredan en el cuello.

La tierra tiene
las pisadas del río,
y el dulce "caderal"
del medio día.
Se tiñe la distancia,
se asombra el llano,
y la voz es alta y tuya.

Es miércoles tu inicio
y han de llegar horizontales
esas aguas puras de venganza.

Es frío el amor
de la memoria y el aire
es un cucuyo de trinos.

¿Recuerdas los muros altos?
¿la quemadura de la tarde?
Nada nos ata y la helada soga
aprieta el nombre,

nuestro nombre,
que se ha de romper
en este inmóvil colibrí de julio.

Así, con el vacío,
es mas honda y más nativa
la gana mensual de retenerte.

Jugar

Jugar a no querer en julio
cuando nadie nos ve,
y como cada tarde,
mejor quedarse con la piel de mayo.

¡Ay! Que beso tan amargo
este del zodiaco
bajo la sombra de una cruz de palo.

Desollado de gloria,
el ojo que mira el hachazo,
talla su espejo de adversario.
Una belleza erguida nos asalta
-racimos de agua dulce—
inscripciones talladas por el rayo.

Jugar a no querer en julio
cuando mueve la sed,
y como cada tarde,
ordeñar con plegarias los jadeos.

¡Ay! cuéntame como en la noche
se mueren de fatiga los que duermen.
Perforado del polvo,
la semilla del árbol se descalza
y el hechizo delira con la rama.

Se tiznan en el sueño
cerrojos de mil años,
agujas de grandeza y desamparo.

Jugar a no querer en julio,
cuando los rostros son jirones,
y como cada tarde
con el martirio de la piel quedarse.

Adán le dice a Eva

Una flor imbécil
se queja del tallo.

Una abeja ciega
se embriaga en el charco.

Una sombra fría
se mece en la mano.
¿Cuándo nació el rencor?

Las paredes son blancas.
Una grieta en el piso.
Calamar de amor
pozo de pus.
¿Cuándo nació el rencor?

Piedra mítica

Un puñado de signos
en el centro de la piedra.
Discurso.
Contacto.
Inicio que fluye nocturno.
Muchos años.
Siglos.
Palabra y forma:
arquitectura de lo que somos.
Oficio de mi mente
lluvia en mano,
hoy confundo
al Usumacinta con el Duero.
Cuando leas estas líneas
y veas estas palabras,
no importa si pasa
un siglo
o un minuto,
llegarán puntuales
los celos del olvido
con labios de pan
en la cresta del vino.
Verás que se desploman de sentido
los nombres que nombramos esta noche
y en el golpe solitario de los huesos
un puñado de signos
volverán a oírse en otra piedra.

AGOSTO se alborota de vagancia

Entre la lira y la entelequia
algunos colibríes se cuelgan del cielo
y chupan la miel e interrogan a la tierra y aletean.
Se rompieron los tejados te digo,
el invierno en el sur y el verano en el norte
soportan en un sólo pie el desvelo terrenal.
Y los azules furiosos entre las rosas
confunden a las cigarras.
Y las voces terrestres llenarán de sílabas maduras
las ingles juveniles.
Y del violeta nacerá el día,
la lluvia y la fecundación del hado.

Por la ausencia

La ausencia se cuenta con los dedos
cuando la palma de la mano enloquece.

¿Cuántas muertes tenemos
que contar si regresamos?
¿Cuántos Antojos diseminados?
¿Cuántos kilómetros para encontrar abrigo?

No se siente cruzar el océano.
No hay ese olor de animal marino.
Ni el miedo al asombro.
No hay inmensidad que contar,
y no hay lugar para la sal
o el astrolabio.

Encapsulado a diez mil pies de altura
intuyo que debajo pasan veloces
agua y tierra indiferentes.

Agosto es de acomodo
porque ya tuvo el azul en la cintura.
Y en esa locura cabalga
de una península a una meseta.
Del viejo al nuevo mundo
destila el antropólogo.

Del río Duero al río Grande
entre cielos hidráulicos.
De Oporto a los Álamos
acelerando la doble
hélice de luz.
Las ausencias se cuentan con los dedos
y las presencias se forman de palabras.
Palabra a palabra voy llegando
que aquí el viento de noche
tiene murmullos de agua.

La dignidad de los escombros

Cuando la noche sabe a hueso
un hábil frío se destila
por la redonda casa.
Un encono de deseos,
una labia de apóstol,
un rostro afrodisíaco
y anémicas niñas de vecindario.

Cuando la noche define
lo que ignoro, se coteja
el rubor de las ciudades,
el dominio del fuego
el avance de la rueda
y el pastoreo de la semilla
en la máscara del rito.

Cuando la noche se traga
la luz de los azules,
los cuerpos vagos sin sombra
perfilan su fonema
y las columnas del templo
olvidan fértil tierra
en falsos paraísos.

Cuando la noche se espanta
de tanta inmensidad,
son gestas de amor
la piel de los recuerdos,
legítimo el sudor,
y es fácil ver de frente
la dignidad de los escombros.

Entre irse y quedarse

No deja de llover.
El agua deja su huella siempre.

El color de las begonias mojadas
nos quita ese sabor a ceniza:
ese sudor rancio de las cosas que se pierden.

Hoy no deja de llover.
Los dientes de las nubes son filosos
como vientre materno cuando llora.

Allá, muy lejos, detrás de los cerros
un sol pastorea como becerro.
Aquí no deja de llover.

Me siento a mirar,
y mis ojos resbalan de tanta agua.
Entonces de tanto masticar lo que recuerdo
me quedo ardiendo de mentiras.
Me sale fiebre de tanta lengua chamuscada.

Aquí no para de llover.
Tal vez será mejor quedarse quieto
a que pase esta vida para agosto,
o tal vez me vaya para enero
al fin que mi dolor es el de mayo.

SEPTIEMBRE: sonatina vespertina

Donde hay un suelo hay pan y crines de cebolla
y un mapa de los grandes ríos,
y una casa con cuchara y tenedor sobre la mesa,
y en la alacena algunos días por guardar
y algún oficio en la nevera,
y rayos de lunes y de luna y de domingo;
y una avidez de patria y de campana,
y dolores de costado
y golpes de tambor;
y ganas de vivir entre las flores negras
y comer los frutos en conserva;
y una cólera de pájaro
y una blasfemia en el horno
y unos ojos vividos en mirada;
y en el foro, los instrumentos curvos,
y un oculto sonar viene de lejos
y su pañuelo en pensamiento,
y una ira de reír
y un remiendo de cielo en el bolsillo,
y todo esto donde hay un suelo, y un pan
y cuatro paredes amarradas al destino.

©Sergio Astorga

Chiste irónico

La hora no marca,
testaruda
obstinada
sola.

El café se derrama
infecundo
cohibido
torpe.

El ojo se pasma
inmóvil
descortés
fiero.

No se cual tristeza
es mas honda:
la que dejé
o la que llega.

Llama gemela

Antes que las mejillas se encontraran con claveles.
Cuando el mar era de yodo
y los balcones se llenaban de barcos.
Ya era llama.

Cuando en las azoteas las sábanas tendidas
ignoraban el silbido de los trenes
y la ingle era la sangre del incendio.
Ya era doble.

Antes que el cobalto enterrara la mentira
y el pulso del barro fuera fuego.
Ya prendía.

Antes que los yacimientos de la fiebre
fueran el alimento de la ansia.
La llama doble ya enlazaba.
Y era carne de palabras
y un teatro de gestos
y un sudor en rojo
y un resplandor diluido
en humo en plata: sombra a sombra.

Y luego llegaron los huesos de ternura
y las miradas nocturnas y felinas
y el rencor
y los cuchillos
y las estepas de hambre
al otro lado del asfalto.
Antes que los halcones hundan negros
y la cólera fugaz haga su nido.
Cuando tengan frío nuestros nombres.
huye y quema, en doble llama,
este árbol que parió la luz primera.

Laberinto

De ébano, idéntico a si mismo,
ni siquiera la avidez del destino
perturba su hábito espiral.
Lo pulen arenas del desierto
y vergeles matemáticos.

En la entrada yace un Ícaro insepulto,
un Dédalo inventivo
y un largo tiempo emparedado.

Aún se conmueven,
al contar sus historias,
los caminantes que perdieron el retorno
y que viven como epígrafes
de viaje para los que parten.

Dichosos aquellos
que confiaron en los astros
y encendieron sus antorchas.
Tal vez por eso, un cálido cansancio
recorre la memoria del Egeo
y un goce rutinario llega a puerto.

OCTUBRE: redondo lunático del año

Por tu nombre la intimidad es otoño.
Con esos labios pulposos de tu reino,
con tus castaños rostros,
con tu premonición de hojas:
tu voz se agranda lunar
y tu desnudez es carnal a plena luz.

Del amarillo instantáneo
a los violetas celestes,
el meteoro es genital por impulsivo.

A tu paso la espiral se enreda con los árboles,
entonces somos tibios rebrotes de la tarde.

Ásperos rocíos mecen lo que fuimos
y los anchos rojos se hinchan como tierra.
Húmedo silencio al fin de cuentas
resistiendo las esperanzas venideras.
Por tu nombre somos íntimos retoños.

Desangelado

Ningún ángel me habita.
A contraluz los párpados se queman
y los oídos con la voz se apagan.
Silencio con palabras tengo.
Mañana . . .

Si las palabras huyen con sombras
y en el pecho se abren muertas,
me derrumbo en los ecos del viento.
Si hay un ángel no lo quiero.
Me duermo . . .
¿Y si despierto? . . .
El tiempo que quiero se agrieta,
y las luces del cielo se alumbran
con los largos mares del fuego.

No. Soy feo.
De barro y sin alas.
Mi nombre no esta
escrito en ninguna jaula.
Miento.
Estoy preso en los cristales
del cielo.

Lejos, inmóvil,
sin luz
de humo. Mi nombre.
He perdido hasta las sombras.
A tientas por el mundo . . .
en lodo.

¿Porqué no me rasga
un dedo de ángel;
una pluma,
un labio
que humedezca mi sed?.

Una torre avara
me resguarda.
Leo "Sobre los Ángeles",
de Rafael Alberti.
Un relámpago
me incendia el sueño,
y no sé dónde poner la espada.

¿Será?

Por la noche
humores imbatibles.
Una plenitud desoladora,
un pájaro nutrido en festivales;
un sol mal colgado
por el cielo,
una sorda ambigüedad de agua.

Lecciones de cristal
bajo helada luz
al abrazo del otoño.
Paz y heno:
flama que encuentra parafina.

Se escucha la armonía
de las esferas,
molienda de formas
en los negros indefensos,
y en este pecho
y ombligo de arena
alguien me ama
o me derrumba.

Entre ruinas

Ya se quebraron los cielos,
los dioses desmembrados yacen
huérfanos de corazón,
sin paladar
sin pulmones
roídos de polvo
con una tos de tísico.
Fue célebre en su tiempo
la creación del mundo,
el hastío y las arrugas lo atestiguan.
Fue entonces que la noche
llovió en la ciudad;
los ancianos cortaron sus brazos
y del tórax de la tierra nació negro,
feo: el ombligo del lagarto.
En el ombligo
la mañana y los días
se queman a sí mismos.
Aquí volvimos a nacer,
donde esta la dualidad
las vértebras del agua
los remolinos de ceniza
y el regreso del pánico
mordiéndose la cola.

Es aquí,
por el espejo
roto del río
que mi ciudad vaga sola
de silencios,
entre himnos y ruinas,
de memorias.

El negro

El negro es una exclamación
de flama en el ritual del ojo.
Perfila los contornos de las sombras;
construye mundos triángulos esferas.
La línea es el bastón
y epitafio de las formas.
Día tras día inventa semejanzas,
añade otra inicial al calendario.
El negro es una zanja para el viento,
se impregna obstinado sobre el plano,
deja cicatriz, ya no es reflejo.
Se pierde el habla,
el ojo inflama.
El negro brama cuando exhala.

NOVIEMBRE huele a memoria inacabada

Dos soles plantados revientan al día.
Las horas verticales se bañan entre las sombras
cuando los toboganes del otoño dilata los árboles.
Ya están los quetzales en relámpagos turquesas
y el pedernal caliente sostiene a los dormidos.
Se van machacando, boca vacía,
los huesos que somos, que fuimos.
Cada noche es un beso de barro
que nos hace nacer en remolino.
Dichosa la cal que detiene a los parásitos.
Dichoso el maizal y sus gorgojos.
Dichoso el maguey punta de daga.
Dos soles plantados revientan el día.
No paran de zumbar las moscas del llano desnudo.
Se sostiene la única brasa que nos quema.

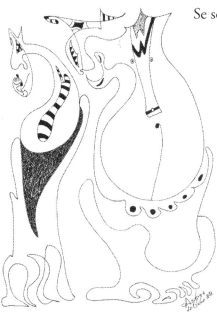

Me gustó

Noviembre me gustó para el adiós.
A tras queda el poroso suelo de tezontle;
los cielos de cebada y aguardiente;
el humo de rostros fugitivos
y el aroma del aire entre las perdidas.

Os dejo mi saludo entre palabras
y tal vez, algunas formas colgando en tus paredes.

Noviembre me gustó para el adiós.
Que la nieve no cubra tu memoria,
que ya dibujo una flama de luz
para el mañana.

Abrazos limpios encallan en los días,
y los parpados se cubren ya de arena.
Noviembre se acabo de puro antojo.

Los nombres que vibraron

Miré que el viento
rompió el penacho verde
de la espera
y tocó la puerta el mar azul.
Así aprendía a leer.

¿Qué sería de mi sin la espada
enredada en junio, lo sabes?

Toda casa tiene
un guerrero protector
y un reloj colgado
y un canto que olvidar,
por eso hoy te escribo.

Aviento la red de mañana
para atrapar al pez dorado,
si te asomas,
si te asombras,
lo verás cabalgando.

Es cosa hecha
el suspiro que conversa
y la gana de decir:
que tengas la espera sabrosa

y el calor amado del día,
y el oro
y la plata
y el sueño ligero,
siempre ligero.

Déjame los tiempos quemados,
las llamas viejas,
el sonido vacío
de los nombres que vibraron.

¡Cuidado!

Memoria arterial de los cuchillos,
viene de perfil,
en coaguladas sombras
con hélices de acero:
la púrpura arrogancia de la ira.

Piedra Arriba

En paz y en vertical.
Es estéril la ofuscación del horizonte.
El pulso solar no se desmaya
y lejos quedan las fronteras en su lenguaje crudo.
Los siglos reverberan.
Quién pensará en la disculpa de los limites?.
Lumbre en los ojos
y no hay nubes blandas que consuelen.
El tacto se empaña y evasivo,
se resguarda en los dedos de otra mano.
También el calor es un alcohol que nos disuelve.
Mira, la tarde se dispersa.
El fuego nos consume ya por dentro.

DICIEMBRE es un adiós de bienvenida

El alba sabe cuando duerme,
que el vientre de la noche sabe a ponche ya guayaba.
El betabel relincha y el grillo canturrea a las doce.
El suelo es del heno blanco
y la casa es mas casa en el refugio.
La navaja se piensa insuficiente
y se sufre en los ojos otra boca.
Se vienen al pecho el bulto de horas,
los diciembres con eneros juntos se acomodan,
estornudan y se quedan.
Y a veces, como nunca, una gana de vivir insólita
se prende en la tristeza de mañana.
Hay un siempre que termina cuando crece.
Hoy acaba un ciclo y no hay gemido.
Las manos se levantan, juegan,
y viene de lejos, a pelo, dando vueltas,
ese polvo estelar embovedado.
Sigamos, que amorosas llaves,
siguen sonando de entrada por salida.
De veras, hoy el sueño se cruza
del nueve al diez con elegancia.

Mudanza

Todo es mudanza,
las uñas, los cabellos:
el limpio ámbito del sueño.

Es de la danza
el teatro, los luceros:
el silencio quebrado de los muertos.

Es de la casa
la raíz, la silla:
es el pan que se come la costumbre.

Es del camino
la duda, los espantos:
simulacro tenaz de los retornos.

No hay mejor tierra
que el viento, los delirios:
los siglos nocturnos que te nombran.

Todas las puertas
son espejos, son muros:
trampas de la flor y sus perfumes.

Robar la luz
del tiempo, las bodegas:
fábrica del giro de los días.

Dejar las alas,
las plumas en adioses:
lápida de la voz y de la sangre.

Todo es mudanza,
los murmullos, la piel,
siempre en la tarde que navega.

Cuando

Cuando yo no esté porque regreso
desde la ventana de tu casa donde miro
se abrirán de nuevo flores
y un eco de mí quedará siempre.
Cuando el Duero remonte sus caudales,
el olor de mis actos
quedará impaciente
untado a tus quehaceres.

Cuando yo no esté porque regreso
tatuado de ti seré un grano
de sombra devorado y un poderoso
obelisco de abril o mayo.

Cuando el granito
tenga verdes cantos de gaviota,
un dulce brío
sentirás que te recorre,
y el ciclo de memorias
volverá a llenar
el camino de mar que nos separa.

Cuando ya no esté porque regreso
te seguiré llenando de palabras
y un poco de vida quedará
al través de la ventana.

Dónde me encuentras . . .

Lejos, muy lejos . . .
donde los espíritus pajizos olvidaron sus guantes;
donde el alba tiene un nudo en la garganta.

Lejos muy lejos . . .
donde la niebla del tabaco confunde la aurora;
donde los claveles son cristales de ciudades invisibles.

Aún más lejos . . .
donde la arena despista la sangre de la brisa;
donde las gotas de cera habitan las esquinas.

Pero cerca, muy cerca.
cuando sé que me miras al vuelo de memoria
o pronuncias el nombre que me nombra.